③ HAND IN HAND GESUND UND LECKER

Smoothies mit frischem Obst und Gemüse können wahre Vitaminbomben sein. Vor allem grüne Smoothies enthalten viele wertvolle Nähr- und Ballaststoffe.

Sie sollten am besten sofort verzehrt werden, damit Vitamine und Geschmack nicht verloren gehen. Ansonsten halten Sie im Kühlschrank zugedeckt, z.B. im Einmachglas, 1 bis maximal 2 Tage.

④ REGIONAL, SAISONAL, LECKER

Bei den Zutaten für Smoothies, Shakes und Co. sind Frische und Qualität entscheidend. Denn egal ob regional oder exotisch: Frisch ist immer am besten – und vor allem am leckersten.

SMOOTHIES SHAKES & CO.

DIE BESTEN REZEPTE

E = EINFACH

Wenige Zutaten, die nicht zu teuer und möglichst nicht zu ausgefallen sind. Einfache, übersichtliche und vor allem verständliche Rezepte.

A = ANFÄNGER

Die Rezepte sind technisch nicht zu anspruchsvoll und sind somit auch für Anfänger geeignet. Viele Anregungen inspirieren jedoch auch den schon erfahrenen Koch.

S = SCHNELL

Alltagstaugliche Rezepte, die auch ohne viel Zeitaufwand und Stress schnell zu meistern sind. Ganz nach dem Motto: Schnell zum Genuss.

Y = YUMMY

Gute Mischung aus Klassikern und Trendthemen. Raffinierte, aber trotzdem unkomplizierte Rezepte, die einfach schmecken.

 ZUBEREITUNGSZEIT: Wie viel Zeit Sie fürs Vorbereiten, Schnibbeln oder Rühren benötigen, verbirgt sich hinter diesem Symbol.

 GAR- UND WARTEZEIT: Die kleine Stoppuhr verrät Ihnen, wie lange das Gericht kocht, schmort oder in den Ofen muss.

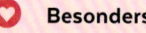 **Besonders lecker**

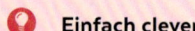 **Einfach clever**

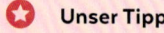 **Unser Tipp**

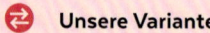 **Unsere Variante**

INHALT

STARKE KÜCHENHELFER

Hochleistungsmixer

Für Smoothies, Shakes und Drinks gibt es unzählige Mixer. Jeder hat bestimmte Besonderheiten. Je nach Vorlieben und Bedarf sollte daher auch der Mixer ausgewählt werden. Für den Einstieg und den gelegentlichen Gebrauch reicht ein gewöhnlicher Küchenmixer oder auch ein Stabmixer.

Wer sich allerdings häufig Smoothies zubereitet und als Zutaten oft Gemüse und Salat verwendet, für den lohnt sich die Anschaffung eines Hochleistungsmixers mit höherer Leistung und Umdrehungszahl.

Glas zum Mixen

Auch hier gibt es zahlreiche Varianten, beispielsweise runde oder viereckige. Die runden sind für den Stabmixer, da sie keine schwer erreichbaren Ecken haben. Die viereckigen

eignen sich jedoch vor allem gut für den Hochleistungsmixer, weil sie beim Mixen einen Sog erzeugen. Dadurch werden die Zutaten schneller und gründlicher vermixt.

Stößel

Für Smoothies, die viel Grünzeug wie Salat oder Kräuter enthalten, ist ein Stößel empfehlenswert. Die Blätter nehmen im Mixer nämlich viel Volumen ein und dies verhindert ein Stößel.

Gummischaber

Ein hochwertiger Gummischaber lohnt sich! Er sorgt dafür, dass keine Reste im Mixer bleiben. Gute Qualität eines Schabers zeigt sich dadurch, dass die Verbindung zwischen Gummi und Griff stabil ist und nicht einreißt.

Nussmilchbeutel

Wer Kokos- oder Nussmilch gerne selbst zubereiten möchte, für den lohnt sich die Anschaffung eines Nussmilchbeutels. Die praktischen Helfer gibt es in Bioläden oder online. Maschengröße und Qualität des Materials können variieren. Damit der Beutel lange hält, sollte man die Milch immer herauskneten und dabei aber den Beutel nicht verdrehen. Wie Sie Pflanzendrinks selbst herstellen können, erfahren Sie auf Seite 26.

Flaschen, Gläser und Co.

Immer aus dem gleichen Glas zu trinken wird auf Dauer etwas öde. Daher sollten Sie das Gefäß öfters variieren. Für Smoothies-to-go am besten Schraubflaschen verwenden.

GEWUSST WIE
KLEINE, SCHLAUE WARENKUNDE

Ananas
ist die exotische Königin unter den Früchten. Sie enthält unter anderem wichtige Enzyme und Ballaststoffe, die die Verdauung anregen.

Papayas
sind sehr kalorienarm, warten dafür aber mit reichlich wertvollen Inhaltsstoffen wie Vitamin C, Betacarotin und Magnesium auf. Ihr Fruchtfleisch ist süß, die Kerne hingegen schmecken scharf wie Kresse.

Fenchel
polarisiert mit seinem Geschmack – man mag ihn oder man mag ihn nicht. Dabei hat er dank seiner ätherischen Öle eine positive Wirkung auf die Atmungsorgane, ist zudem verdauungsfördernd und gilt als krebsvorbeugend.

Ingwer
würzt je nach Menge pikant-fruchtig bis brennend scharf. Verwendet wird von der Pflanze nur die Wurzel, die frisch gerieben ihr unverwechselbares Aroma abgibt.

Litschis
werden in China auch als Liebesfrucht bezeichnet. Ihr helles Fruchtfleisch unter der rauen Schale hat eine feinherbe Muskatnote.

VITAMIN-C-BOMBEN

Sie sind gesund, sorgen für Frische und durch ihre Säure für manch eine Grimasse: Zitrusfrüchte sind auch in Smoothies oder Drinks gern gesehene Gäste.

Gojibeeren
enthalten sehr viele sekundäre Pflanzenstoffe, Vitamin A, C und E sowie eine große Menge Eisen. Seit Jahrtausenden sind sie mit ihrer immunstärkenden Wirkung Bestandteil der Traditionellen Chinesischen Medizin.

Gersten- und Weizengras
sind die jungen Triebe der Gerste und des Weizens. Sie werden in Saft- oder Pulverform verwendet und gelten als krebsvorbeugend.

SMOOTHIES

MANGOLD-RUCOLA-SMOOTHIE
MIT GRANATAPFEL

ZUBEREITUNG
10 MIN.

01. Mangold und Rucola verlesen, waschen und leicht trocken schütteln. Grobe Stiele entfernen, alle Blätter grob schneiden. Die Orangen halbieren und den Saft auspressen.

02. Die vorbereiteten Zutaten mit den Granatapfelkernen im Mixer fein pürieren. Den Smoothie mit Agavendicksaft süßen und in zwei Gläser füllen.

Das Auslösen von Granatapfelkernen macht ziemlich Mühe. Wer sich nicht mit dem roten Saft schmutzig machen möchte, füllt eine Schüssel mit Wasser und löst die Granatapfelkerne darin aus.

ZUTATEN
FÜR 2 PERSONEN

+ **140 g Baby-Mangold**
+ **60 g Rucola**
+ **2 Bio-Orangen**
+ **200 g ausgelöste Granatapfelkerne (ca. 1 großer Granatapfel)**
+ **3 — 4 EL Agavendicksaft**

BEEREN-SMOOTHIE
MIT VANILLE

ZUBEREITUNG
🍴 10 MIN.

01. Die Mandeln hacken und mit den Haferflocken vermischen. Beides kurz mit Kokosöl in einer Pfanne anrösten und abkühlen lassen.

02. Die Beeren verlesen und waschen. Zusammen mit dem Mandelmix und der Vanille im Mixer fein pürieren. Nach Belieben Wasser dazugeben und mit Apfeldicksaft abschmecken.

🔁 *Diesen Smoothie kann man super variieren. Statt Heidelbeeren, schwarzen Johannisbeeren und Himbeeren landen dann Brombeeren, rote Johannisbeeren und Erdbeeren im Mixer.*

ZUTATEN
FÜR 2 PERSONEN

+ **20 g ungeschälte Mandeln**
+ **40 g glutenfreie Haferflocken**
+ **2 TL natives Kokosöl**
+ **250 g Himbeeren**
+ **4 EL Heidelbeeren**
+ **4 EL Schwarze Johannisbeeren**
+ **2 Msp. Bourbon-Vanille**
+ **etwas Apfeldicksaft nach Belieben**

MANGO-GURKEN-SMOOTHIE
MIT ZITRONENGRAS

ZUBEREITUNG
🍶 **20 MIN.**

01. Mango schälen, das Fruchtfleisch vom Stein und in grobe Stücke schneiden. Gurke waschen, Möhren putzen und schälen. Beides in grobe Stücke schneiden.

02. Ingwer schälen und grob hacken. Vom Zitronengras die unteren 10 cm putzen und fein hacken. Minze waschen, die Blätter abzupfen.

03. Vorbereitete Zutaten mit Limettensaft im Mixer pürieren. In zwei Gläser füllen, mit Sesam und nach Belieben Minze dekorieren.

ZUTATEN
FÜR 2 PERSONEN

+ 1 Mango (ca. 400 g)
+ 400 g Salatgurke
+ 2 Möhren (ca. 240 g)
+ 10 g Ingwer
+ 2 Stängel Zitronengras
+ 2 Stiele Minze
+ 2 EL Limettensaft
+ 2 EL dunkle Sesamsamen

TOMATEN-SMOOTHIE
MIT SELLERIE

ZUBEREITUNG
🥤 **15 MIN.**

01. Die Tomaten waschen und vierteln, dabei die Stielansätze entfernen. Den Sellerie putzen, dabei das Grün aufbewahren, waschen und in grobe Stücke schneiden. Die Chilischote waschen und den Stielansatz entfernen. (Wer den Drink nicht so scharf möchte, entfernt von der Chili die Kerne oder verwendet nicht die ganze Schote.)

02. Tomaten, Sellerie, Chili, Wasser, Olivenöl und 2 Prisen Salz im Mixer zunächst auf niedriger Stufe, dann auf höchster Stufe so lange zerkleinern, bis die Schalen und Kerne nicht mehr zu sehen sind und der Smoothie fein-cremig ist.

03. Den Drink auf Gläser verteilen. Rote und grüne Basilikumblätter von den Stängeln abzupfen und mit den Sellerieblättern waschen und trocken tupfen. Den Drink mit den Blättern anrichten und genießen.

ZUTATEN
FÜR 2 PERSONEN

+ **250 g gemischte Tomaten (Ochsenherztomaten, Cocktailtomaten, Tiger Striped)**
+ **½ Stange Staudensellerie**
+ **½ kleine rote Chilischote**
+ **250 ml Wasser**
+ **1–2 EL Olivenöl (kalt gepresst)**
+ **Salz**
+ **einige Stiele rotes und grünes Basilikum**

GRÜNER SMOOTHIE
MIT WEIZENGRAS

ZUBEREITUNG
15 MIN.

01. Den Salat und das Weizengras putzen oder verlesen, waschen, trocken schütteln und grob schneiden oder zupfen. Die Banane schälen und in Stücke schneiden. Den Apfel waschen und vierteln, das Kerngehäuse entfernen und die Viertel in Stücke schneiden.

02. Salat, Weizengras, Obst und Reisdrink im Mixer fein pürieren. Den Smoothie mit Zitronensaft abschmecken und auf Gläser verteilen.

Grüne Smoothies sollten nicht nach Gras schmecken. Deshalb geben Sie am besten ein bisschen Obst mit in den Mixer. Ansonsten ist erlaubt, was schmeckt, möglichst gerade Saison hat und aus der Region stammt.

ZUTATEN
FÜR 2 PERSONEN

+ **200 g Kopfsalat**
+ **1 kleines Büschel Weizengras (oder 1 TL Weizengraspulver)**
+ **1 Banane (ca. 100 g)**
+ **1 grüner Apfel (z. B. Granny Smith; ca. 100 g)**
+ **300 ml Reisdrink**
+ **1 Spritzer Zitronensaft**

ROSA RINGELBETEN-SMOOTHIE
MIT KOHLRABI

ZUBEREITUNG
🕯 **15 MIN.**

01. Ringelbeten und Kohlrabi schälen und in grobe Stücke schneiden. Die Äpfel waschen, vierteln, entkernen und in grobe Stücke schneiden.

02. Die vorbereiteten Zutaten sofort mit Zitronensaft, Sauerkirschen und Wasser im Mixer fein pürieren. Den Smoothie in zwei Gläser oder zum Mitnehmen in zwei Flaschen füllen.

💡 *Ringelbeten ähneln rein äußerlich Roter Bete. Innen überrascht sie aber durch abgegrenzt weiße und magentafarbene Streifen. Geschmacklich sind sie süßlicher und haben nicht das erdige Aroma von herkömmlicher Roter Bete. Für einen richtigen Hingucker sorgt die Ringelbete deshalb auch dünn geschnitten in einem Carpaccio.*

ZUTATEN
FÜR 2 PERSONEN

+ **2 Ringelbeten (Tonda di Chiogga, ca. 180 g)**
+ **1 Kohlrabi (mit Blättern, ca. 240 g)**
+ **2 kleine Äpfel (ca. 180 g)**
+ **2 EL Zitronensaft**
+ **2 EL getrocknete Sauerkirschen (aus dem Bioladen oder Reformhaus)**

UNSER
LIEBLING

ALOE-GURKEN-SMOOTHIE
MIT KORIANDER

ZUBEREITUNG
🍴 20 MIN.

01. Das durchsichtige Mark der Aloe vera aus der Blattrinde schneiden. Den Koriander waschen und die Blätter von den Stielen zupfen. Die Salatgurke waschen und in grobe Stücke schneiden.

02. Koriander, Aloe-vera-Mark und Gurke mit dem Joghurt, je 1 Prise Salz und Pfeffer sowie dem Wasser in den Mixer geben und alles zunächst auf niedriger Stufe, dann auf höchster Stufe fein pürieren.

03. Den Aloe-Gurken-Smoothie abschmecken und bei Bedarf nochmals mit Salz und Pfeffer würzen, auf Gläser verteilen und sofort genießen.

ZUTATEN
FÜR 2 PERSONEN

+ 1 Blatt Aloe vera (ca. 3 cm lang)
+ 1 kleiner Bund Koriander (ca. 5 Stiele)
+ 100 g Salatgurke
+ 100 g Sojajoghurt
+ Salz
+ Pfeffer aus der Mühle
+ 125 ml Wasser

💡 *Hier wird lediglich das Mark von dem Aloe-vera-Blatt verwendet, die grüne Rinde mit den Resten des fädenziehenden Gels bleibt übrig. Dieses Gel kann man sehr gut für die Hautpflege anwenden. Es heißt, dass die Aloe vera eines der wirklich wirksamen Mittel für die Zellerneuerung ist.*

Falls Sie eine eigene Pflanze besitzen, ist es wichtig nach dem Abschneiden des Blatts den gelben Saft (das Aloin) aus der Schale fließen zu lassen (etwa 3 Minuten) — er wird nicht verwendet, da er stark abführend wirkt und auf der Haut auch Reizungen hervorrufen kann!

Aloe vera kann man übrigens im Topf gut selber ziehen. Die frischen Blätter gibt's aber auch übers Internet sowie in Bioläden.

ERDBEER-SMOOTHIE
MIT ZUCCHINI

ZUBEREITUNG
🥄 15 MIN.

01. Zucchini putzen, waschen, längs vierteln und in grobe Stücke schneiden. Erdbeeren waschen und putzen. Tomaten waschen und halbieren.

02. Vorbereitete Zutaten mit Vanillemark, Honig oder Agavendicksaft und Zitronensaft in den Mixer geben. Ingwer schälen, grob hacken und hinzufügen. Alles fein pürieren, in zwei Gläser füllen und je nach Süße der Beeren eventuell mit Honig oder Ahornsirup nachsüßen.

ZUTATEN
FÜR 2 PERSONEN

+ **1 große gelbe Zucchini (ca. 240 g)**
+ **400 g Erdbeeren**
+ **400 g gelbe und rote Cocktailtomaten**
+ **Mark von ½ Vanilleschote**
+ **2 TL flüssiger Honig (oder Agavendicksaft)**
+ **2 EL Zitronensaft**
+ **10 g Ingwer**

COLD-CHAI-SMOOTHIE
MIT NUSSMILCH

ZUBEREITUNG
20 MIN.   **7 STD. ZIEHZEIT**

01. Die Mandeln in reichlich Wasser 6 Stunden einweichen. Den Schwarztee in 400 ml kaltes Wasser geben und 1 Stunde darin ziehen lasen. Dann durch ein Haarsieb in eine Schüssel gießen.

02. Die eingeweichten Mandeln abgießen und mit dem kalten Teeauszug im Mixer zunächst auf niedriger Stufe, dann auf höchster Stufe 1 Minute aufschlagen. Alles in einen Nussmilchbeutel geben und über dem Mixer ausdrücken.

03. Den Ingwer schälen und klein schneiden. Die Datteln halbieren und entsteinen. Beides mit Nelken, Kardamom, Zimt und Lucuma zur Mandel-Tee-Mischung in den Mixer geben und zunächst auf niedriger Stufe, dann auf höchster Stufe 1 Minute pürieren. Die Eiswürfel dazugeben und nochmals aufschlagen. Den Drink auf Gläser verteilen und nach Belieben jeweils mit 1 Stange Zimt dekorieren.

ZUTATEN
FÜR 2 PERSONEN

+ 100 g Mandeln (mit Haut)
+ Wasser zum Einweichen
+ 400 ml Wasser
+ 3 EL loser schwarzer Tee (bevorzugt Assamtee, 25 g)
+ 12 g Ingwer
+ 2 Medjool-Datteln
+ 1 Gewürznelken
+ ½ TL Kardamompulver
+ ½ TL Zimtpulver
+ ½ EL Lucumapulver
+ 3 Eiswürfel

💡 *Schmeckt superlecker und ist zudem noch gesund, denn Zimt hat blutzuckersenkende Wirkung. Am besten kaufen sie Ceylon-Zimt (aus Sri Lanka), der aus vielen zarten Rindenblättern aufwendig zusammengelegt ist. Der ceylonesische ist filigraner, zarter im Geschmack und in der Handhabung. Wegen des gesundheitsschädlichen Cumarins, das im chinesischen Zimt enthalten ist, ist Ceylon-Zimt zu bevorzugen.*

CASHEWDRINK

ZUBEREITUNG 🝄 15 MIN.
⏱ 12 STD. ZIEHZEIT
ZUTATEN FÜR CA. 1 LITER

150 g Cashewkerne oder Cashewbruch in reichlich Wasser über Nacht einweichen und am nächsten Tag in ein Sieb abgießen.

Die eingeweichten Cashewkerne in den Mixer geben, **900 ml Wasser** dazugießen und zunächst auf niedriger Stufe, dann auf höchster Stufe 1 Minute aufschlagen. Alles in einen Nussmilchbeutel geben und ausdrücken (siehe S. 4), den Cashewdrink dabei auffangen.

MANDELDRINK

ZUBEREITUNG 🝄 15 MIN.
⏱ 12 STD. ZIEHZEIT
ZUTATEN FÜR CA. 1 LITER

150 g Mandeln in reichlich Wasser über Nacht einweichen und am nächsten Tag in ein Sieb abgießen.

Die eingeweichten Mandeln in den Mixer geben, **900 ml Wasser** dazugießen und zunächst auf niedriger Stufe, dann auf höchster Stufe 1 Minute aufschlagen. Alles in einen Nussmilchbeutel geben und ausdrücken (siehe S. 4), den Mandeldrink dabei auffangen.

KOKOSDRINK

ZUBEREITUNG 20 MIN.
ZUTATEN FÜR CA. 1 LITER

200 g Kokosraspel mit **900 ml Wasser** im Mixer
zunächst auf niedriger Stufe, dann auf höchster
Stufe 2 Minuten aufschlagen. Alles in einen Nussmilchbeutel geben und ausdrücken (siehe S. 4),
den Kokosdrink dabei auffangen.

Übrigens: Kokosraspel müssen nicht eingeweicht
werden – man kann sie direkt aus der Packung
verwenden.

*Die Basis für Pflanzendrinks sind
getrocknete Lebensmittel wie Mandeln,
Cashewkerne & Co. Die Drinks halten
zugedeckt im Kühlschrank etwa 3 Tage.*

ROTE-BETE-SMOOTHIE
MIT BROMBEEREN

ZUBEREITUNG
🍴 **20 MIN.**

01. Von den Roten Beten 2 bis 3 zarte Blätter abschneiden, waschen und grob zerzupfen. Die Knolle putzen, schälen und in grobe Stücke schneiden. Möhre putzen, schälen und grob schneiden. Petersilie waschen, trocken schütteln und grob hacken. Brombeeren vorsichtig waschen und abtropfen lassen. Sprossen in einem Sieb mit kochend heißem Wasser übergießen, kalt abbrausen und abtropfen lassen.

02. Alles mit Sonnenblumen- und Kürbiskernen, Olivenöl, Zitronensaft und Wasser im Mixer fein pürieren. Dem Smoothie nach Belieben mit Honig oder Agavendicksaft süßen und in zwei Gläser füllen.

ZUTATEN
FÜR 2 PERSONEN

+ **2 Rote Beten (mit Grün, ca. 240 g)**
+ **2 Möhren (ca. 140 g)**
+ **30 g glatte Petersilie**
+ **160 g Brombeeren**
+ **40 g Mungobohnensprossen (oder Alfalfasprossen)**
+ **2 EL Sonnenblumenkerne**
+ **2 EL Kürbiskerne**
+ **2 EL Olivenöl**
+ **2 EL Zitronensaft**
+ **400 ml kaltes Wasser**

ROTKOHL-ANANAS-SMOOTHIE
MIT INGWER

ZUBEREITUNG
🍶 15 MIN.

01. Vom Rotkohl die äußeren Blätter und den harten Strunk entfernen, den Kohl waschen und in grobe Streifen schneiden. Die Ananas schälen und den harten Strunk herausschneiden, das Fruchtfleisch in grobe Stücke schneiden.

02. Den Sellerie putzen, dabei das Grün entfernen, und waschen. Die Selleriestange in grobe Stücke schneiden. Das Koriandergrün waschen, trocken schütteln und grob hacken. Ingwer schälen und grob hacken.

03. Die vorbereiteten Zutaten mit Limettensaft, Wasser, Kokosmus und nach Belieben etwas Zucker im Mixer fein pürieren. Den Smoothie in ein Glas füllen.

💡 *Wer unter einem trägen Magen leidet, sollte es einmal mit dieser Mischung versuchen: Heimischer Rotkohl, tropische Ananas, Koriander und Ingwer bringen die Verdauung auf ganz natürliche Weise in Schwung und sorgen für eine schlanke Linie. Und weil Ananas den Stimmungsaufheller Serotonin enthält, gibt's gute Laune on top!*

ZUTATEN
FÜR 2 PERSONEN

+ **2 Stück Rotkohl (ca. 240 g)**
+ **2 Stück Ananas (ca. 240 g)**
+ **2 Stangen Staudensellerie (mit Grün)**
+ **10 g Koriander**
+ **5 g Ingwer**
+ **3 EL Limettensaft**
+ **240 ml kaltes Wasser**
+ **2 TL Kokosmus (aus dem Bioladen)**
+ **1 TL brauner Zucker**

MACADAMIA-SCHOKO-SMOOTHIE
MIT BANANE

ZUBEREITUNG
20 MIN.   **4 STD. EINWEICHZEIT**

01. Die Macadamianüsse in reichlich Wasser mindestens 4 Stunden einweichen. Dann die Nüsse in ein Sieb abgießen.

02. Die Bananen schälen. Die Datteln halbieren und entsteinen. Die Macadamianüsse, die Bananen, die Datteln und 250 ml Wasser in den Mixer geben, zunächst auf niedriger Stufe, dann auf höchster Stufe schaumig aufmixen. 250 ml Smoothie auf zwei Gläser verteilen.

03. Den restlichen Smoothie mit Carob-, Maca-, Lucuma- und Kakaopulver und den restlichen 50 ml Wasser auf hoher Stufe schaumig schlagen. Den Schoko-Smoothie vorsichtig auf den hellen Smoothie gießen.

Zweifarbige Getränke sind einfach immer eine Augenweide. Dieser Smoothie ist herrlich cremig, nussig und kraftspendend durch das Macapulver und die Macadamianüsse. Wer es eilig hat, kann auch alle Zutaten auf einmal mixen.

ZUTATEN
FÜR 2 PERSONEN

+ **50 g rohe Macadamianüsse**
+ **Wasser zum Einweichen**
+ **1 Banane**
+ **2 Medjool-Datteln**
+ **300 ml Wasser**
+ **½ EL peruanisches Carobpulver**
+ **½ EL Macapulver**
+ **½ EL Lucumapulver**
+ **1 ½ EL schwach entöltes Kakaopulver**

SPINAT-SMOOTHIE
MIT ERDNUSSMUS

ZUBEREITUNG
🍴 **15 MIN.**

01. Spinat verlesen, waschen und leicht trocken schütteln. Sellerie putzen, waschen und in grobe Stücke schneiden. Apfel waschen und in Stücke schneiden, dabei das Kerngehäuse entfernen. Koriander waschen, trocken schütteln und grob schneiden. Datteln entsteinen und grob schneiden.

02. Die vorbereiteten Zutaten mit Erdnussmus und Wasser im Mixer fein pürieren. Den Smoothie mit Limettensaft abschmecken und in zwei Gläser füllen.

ZUTATEN
FÜR 2 PERSONEN

+ **160 g Baby-Spinat**
+ **2 Stangen Staudensellerie**
+ **1 großer Apfel (ca. 160 g)**
+ **16 g Koriander**
+ **4 getrocknete (Medjool-)Datteln**
+ **2 EL Erdnussmus (aus dem Bioladen)**
+ **360 ml kaltes Wassser**
+ **2—3 TL Limettensaft**

ERDBEER-KOKOS-SMOOTHIE
MIT ROTER BETE

ZUBEREITUNG
🧃 15 MIN.

01. Das Wasser und die Kokosraspel in den Mixer geben und zunächst auf niedriger Stufe, dann auf hoher Stufe 1 Minute pürieren. Anschließend durch einen Nussmilchbeutel drücken.

02. Die Rote Bete waschen, schälen und nochmals waschen. Die Erdbeeren waschen und putzen.

03. Den Kokosdrink, die Rote Bete, die Erdbeeren und den Ahornsirup in den Mixer geben und zunächst auf niedriger Stufe, dann auf höchster Stufe 30 Sekunden cremig aufschlagen. Auf zwei Gläser verteilen und genießen.

💡 *Wenn es mal schnell gehen muss, nehmen Sie einfach 300 ml Kokos-Reismilch und sparen sich den ganzen ersten Schritt.*

ZUTATEN
FÜR 2 PERSONEN

+ **300 ml Wasser**
+ **75 g Kokosraspel**
+ **20 g Rote Bete**
+ **125 g Erdbeeren**
+ **2 EL Ahornsirup**

02

SHAKES, LASSIS
— & CO. —

AVOCADO-SHAKE
MIT ANANAS

ZUBEREITUNG
🍴 15 MIN.

01. Die Avocado halbieren und den Stein entfernen. Die Hälften schälen, das Fruchtfleisch in Stücke schneiden und mit dem Zitronensaft mischen. Das Ananasfruchtfleisch in kleine Stücke schneiden und dazugeben.

02. Die Vanilleschote längs aufschneiden und das Mark herauskratzen, mit dem Agavendicksaft und dem Kokosdrink zu den anderen Zutaten geben. Alles im Mixer fein pürieren. Den Shake auf Gläser verteilen und mit den Kakaonibs bestreuen.

♥ *Kakaonibs eignen sich auch hervorragend als gesunder Snack für Zwischendurch. Roher Kakao steckt voller Antioxidantien, bringt Energie und sorgt für Glücksgefühle.*

ZUTATEN
FÜR 2 PERSONEN

+ 1 Avocado
+ 1 EL Zitronensaft
+ 180 g Ananas
+ ½ Vanilleschote
+ 1–2 EL Agavendicksaft
+ 400 ml Kokosdrink
+ 2 EL Kakaonibs

MANGO-LASSI
MIT ORANGE

ZUBEREITUNG
🥄 15 MIN.

01. Für den Lassi das Mangofruchtfleisch in grobe Stücke schneiden, den Ingwer schälen. Kokosöl, Joghurt, Mango, Orangensaft, 1 Prise Salz, Zitronenschale, Ingwer, Reisdrink, 1½ EL Zitronensaft und Gewürze in den Mixer geben. Alles auf höchster Stufe 30 Sekunden glatt pürieren.

02. Den Lassi nach Belieben nochmals mit etwas Zitronensaft abschmecken. Für einen flüssigeren Lassi nach Belieben noch etwas mehr Reisdrink dazugeben. Den Lassi auf Gläser verteilen. Mit Kokosblütendicksaft und Zitronenschale dekorieren. Kalt genießen.

⭐ *Lassi ist ein Klassiker und funktioniert mit sehr vielen Früchten. Wichtig ist nur, dass diese immer sehr süß und vollreif sind. Ist der Lassi trotzdem nicht süß genug, einfach Kokosblütendicksaft hinzufügen.*

ZUTATEN
FÜR 2 PERSONEN

FÜR DEN LASSI:
+ 160 g süße Mango
+ 1 haselnussgroßes Stück Ingwer
+ 2 TL natives Kokosöl
+ 190 g kalter Soja- oder Lupinenjoghurt
+ 50 ml kalter Orangensaft
+ Meersalz
+ 1 Streifen Bio-Zitronenschale (ca. 2 × 1 cm)
+ ca. 150 ml kalter Reisdrink
+ 1½−2 EL Zitronensaft
+ 1 Msp. Vanillepulver
+ 1 Msp. Kardamompulver

FÜR DIE DEKO:
+ ca. 2 TL Kokosblütendicksaft (aus dem Bioladen)
+ Schale von 1 Bio-Zitrone (in Zesten)

BEEREN-SHAKE
MIT MÜSLI

ZUBEREITUNG
🍴 15 MIN.

01. Die Dinkel- und Haferflocken mit den Mandeln in einer Pfanne im Kokosöl anrösten und kurz abkühlen lassen.

02. Die Johannisbeeren von den Rispen streifen und mit den Blaubeeren und Himbeeren verlesen und waschen. Die Beeren, den Ahornsirup, die geröstete Flockenmischung und das Wasser in den Mixer geben und zunächst auf niedriger Stufe, dann auf hoher Stufe 30 Sekunden pürieren. Auf zwei Gläser verteilen und servieren.

🔄 *Statt der Flocken und der Mandeln kann man auch einfach sein Lieblingsmüsli für den Shake verwenden. Dann aber am besten den Sirup weglassen — fertige Müslis sind nämlich meist gesüßt.*

ZUTATEN
FÜR 2 PERSONEN

+ **20 g Dinkelflocken**
+ **20 g Haferflocken**
+ **15 g Mandeln (mit Haut)**
+ **½ EL natives Kokosöl**
+ **20 g Schwarze Johannisbeeren**
+ **20 g Blaubeeren**
+ **65 g Himbeeren**
+ **2 EL Ahornsirup**
+ **250 ml Wasser**

BIRNEN-KARDAMON-SHAKE
MIT PISTAZIEN-FLUFF

ZUBEREITUNG
20 MIN.

01. Die Pistazien in den Mixer geben und mit der Puls-Funktion zu einem feinen Fluff zerkleinern. Den Pistazien-Fluff in eine Schale geben und beiseitestellen.

02. Die Zitronenhälfte auspressen. Den Apfel und die Birnen schälen, vierteln und jeweils das Kerngehäuse entfernen. Das Obst mit dem Zitronensaft in den Mixer geben. Kardamom, Apfelsüße und Wasser dazugeben und alles zunächst auf niedriger Stufe, dann auf hoher Stufe zu einem schaumigen Shake pürieren.

03. Den Birnen-Kardamom-Shake auf zwei Gläser verteilen und mit dem Pistazien-Fluff bestreut servieren.

⭐ *Wer kein Fan von Kardamon ist, kann ihn auch durch Zimt ersetzen.*

ZUTATEN
FÜR 2 PERSONEN

+ **15 g Pistazien (geschält)**
+ **½ kleine Zitrone**
+ **1 kleiner Apfel**
+ **1 Packham-Birnen**
+ **½ TL Kardamompulver**
+ **1 EL durchsichtige Apfelsüße**
+ **250 ml Wasser**

UNSER
LIEBLING

PIMP YOUR SMOOTHIE

SCHOKOLADE

Etwas ganz Besonderes wird ein fruchtiger Smoothie, wie zum Beispiel der Beerensmoothie (siehe S. 10), durch etwas geraspelte Zartbitterschokolade. Auch weiße oder Vollmichschokolade eignet sich zur Veredelung eines Smoothies. Sehr lecker: Der Cold-Chai-Smoothie (S. 24) mit weißen Schokoraspeln.

GEWÜRZE

Gewürze verleihen Smoothies besondere Geschmacksnoten und tun mit ihren ätherischen Ölen Magen und Darm gut. Beispielsweise Kakao-, Carob- oder Lucumapulver überzeugen mit vielen zellschützenden Antioxidantien.

NÜSSE, KERNE UND SAMEN

Nüsse, Kerne und Samen punkten mit herzgesunden ungesättigten Fetten und haben einen guten Sättigungseffekt. Zusätzlich sind sie reich an Mineralien, B-Vitaminen und Vitamin E.

HÜLSENFRÜCHTE UND OBST

Hülsenfrüchte wie Kichererbsen können Smoothies mit ihrem Mix aus hochwertigem Pflanzeneiweiß und Ballaststoffen anreichern und machen ihn sehr viel cremiger. Auch Avocados sorgen für eine besonders cremige Konsistenz und enthalten hochwertige Fette und Vitamin E.

TROCKENFRÜCHTE

Sie liefern neben Süße auch reichlich
Ballaststoffe, Mineralstoffe, Spuren-
elemente, Vitamine und sekundäre
Pflanzenstoffe.

SÜSSLICH MILDES GEMÜSE

Gemüsesorten wie Rote Bete, Süßkartof-
feln oder Möhren eignen sich geraspelt
bestens als Topping für Smoothies.
Sie erhöhen den Ballaststoff- und Vitalstoff-
anteil und sorgen für eine leichte natürliche Süße und etwas Biss.

GETREIDE

Hier gilt: Je höher der Anteil an Vollkornmehl oder vollwertigen
Getreideprodukten wie Haferflocken in Smoothies oder Drinks,
desto höher ist der Ballaststoffanteil. Der sorgt dafür, dass die
Kohlenhydrate aus den Leckereien langsamer ins Blut gehen.
So bleibt der Blutzuckerspiegel stabil, das Sättigungsgefühl hält
länger an und Heißhungerattacken bleiben aus.

GOLDEN MILK SHAKE
MIT CASHEWKERNEN

ZUBEREITUNG
🍴 15 MIN.

01. Den Ingwer schälen und klein schneiden. Das Kokosöl in einer kleinen Pfanne erhitzen und die Kokosraspel mit Ingwer, Zimt und Kurkuma darin 1 Minute anrösten. Den Reisdrink dazugießen und alles kurz aufkochen.

02. Die Kokosraspelmischung samt dem Reisdrink in den Mixer geben. 1 Prise Pfeffer, Sirup, Cashewbruch und 1 gute Prise Salz hinzufügen. Alles auf höchster Stufe 1 Minute glatt und schaumig pürieren. Den Shake auf Tassen oder Gläser verteilen.

💡 *Den Rührbecher nach dem Pürieren unbedingt sofort säubern, damit er sich durch das Kurkumapulver nicht gelb verfärbt.*

ZUTATEN
FÜR 2 PERSONEN

+ 1 Stück Ingwer (ca. 1 × 1 cm)
+ ½ EL natives Kokosöl
+ ½ EL Kokosraspel
+ ½ TL Zimtpulver
+ ½ EL Kurkumapulver
+ 400 ml Reisdrink
+ Pfeffer aus der Mühle
+ 1 EL Kokosblüten- oder Ahornsirup
+ 25 g Cashewbruch
+ Meersalz

JOHANNISBEER-SHAKE
MIT KOKOS

ZUBEREITUNG
🕯 **15 MIN.**

01. Die Kokosraspel und 225 ml Wasser in den Mixer geben und zunächst auf niedriger Stufe, dann auf höchster Stufe 1 Minute pürieren. Anschließend durch einen Nussmilchbeutel drücken.

02. Die Johannisbeeren waschen und von den Rispen abstreifen. Das durchsichtige Mark der Aloe vera aus der Blattrinde schneiden. Johannisbeeren, Aloe-vera-Mark, Ahornsirup, restliches Wasser und Kokosdrink in den Mixer geben und zunächst auf niedriger Stufe, dann auf höchster Stufe so lange aufschlagen, bis alles fein gemixt ist. Die Kerne der Beeren bleiben bissfest.

03. Den Johannisbeer-Shake auf Gläser verteilen und nach Belieben auf Eis servieren.

💡 *Wer keine Zeit für die selbst gemachte Kokosmilch hat, der nimmt einfach einen Kokos-Reisdrink für den Shake.*

ZUTATEN
FÜR 2 PERSONEN

+ **50 g Kokosraspel**
+ **350 ml Wasser**
+ **125 g Schwarze Johannisbeeren**
+ **1 Blatt Aloe Vera**
+ **3 EL Ahornsirup**

MATCHA-SHAKE
MIT BANANEN

ZUBEREITUNG
🥄 10 MIN.

01. Die Bananen schälen, in Stücke schneiden und mit dem Zitronensaft mischen. Die Sojamilch, Matcha, Zimt und Kardamom hinzufügen. Alles im Mixer fein pürieren. Den Shake auf Gläser verteilen.

02. Die Minzeblätter waschen, trocken tupfen und den Shake damit dekorieren.

💡 *Mit grünem Tee tut man sich immer etwas Gutes: Er enthält reichlich antioxidative Polyphenole, die unter anderem das Abnehmen unterstützen, indem sie den Zuckerstoffwechsel positiv beeinflussen. Matcha, der pulverisierte Grüntee, enthält Polyphenole in konzentrierter Form.*

ZUTATEN
FÜR 2 PERSONEN

+ **2 Bananen**
+ **2 EL Zitronensaft**
+ **200 ml Sojamilch (ersatzweise Hafer- oder Nussmilch)**
+ **1 gestr. TL Matchapulver**
+ **2 Msp. Zimtpulver**
+ **3 Msp. Kardamompulver**
+ **Minzeblätter zum Dekorieren**

ERDBEER-RHABARBER-LASSI
MIT PFEFFERBEEREN

ZUBEREITUNG
🍶 15 MIN.

01. Den Rhabarber putzen, schälen und grob in Stücke schneiden. Die Erdbeeren waschen und putzen.

02. Den Rhabarber und die Erdbeeren in den Mixer geben. Sojajoghurt, Agavendicksaft, Pfefferbeeren, Hagebuttenpulver, Wasser und Eiswürfel dazugeben und zunächst auf niedriger Stufe, dann auf hoher Stufe glatt mixen.

03. Den Lassi auf Gläser verteilen und kalt genießen. Wer möchte kann den Lassi noch mit etwas Hagebuttenpulver bestreuen.

💡 *Durch ihren hohen Gehalt an Vitamin C beugen Hagebutten Erkältungen vor und unterstützen beim Auskurieren. Unter den heimischen Pflanzen hat nur der Sanddorn mehr Vitamin C zu bieten. Das Pulver kann man zum Beispiel über sein Morgenmüsli streuen oder in den Joghurt rühren.*

ZUTATEN
FÜR 2 PERSONEN

+ **100 g Rhabarber (ca. 2 Stangen)**
+ **125 g Erdbeeren**
+ **80 g Sojajoghurt**
+ **1½ EL Agavendicksaft**
+ **6 rosa Pfefferbeeren**
+ **1 EL rohes Hagebuttenpulver (aus dem Bioladen)**
+ **100 ml Wasser**
+ **3 Eiswürfel**

SPITZKOHL-MÖHREN-SHAKE
MIT KURKUMA

ZUBEREITUNG
🥄 20 MIN.

01. Die Möhren putzen und schälen. Die äußeren Blätter vom Spitzkohl entfernen und den Strunk herausschneiden. Den Kohl waschen und grob schneiden. Die Kurkuma schälen. Die Limette halbieren und auspressen. Die Pimpinelle waschen.

02. Die vorbereiteten Zutaten in den Mixer geben. Tahini, 1 Prise Salz und Wasser hinzufügen und zunächst auf niedriger Stufe, dann auf höchster Stufe 45 Sekunden schaumig aufschlagen. Auf Gläser verteilen und mit den Sesamsamen bestreuen.

❤️ *Spitzkohl und Möhren sind sehr vitamin- und vitalstoffreiche Gemüsesorten, die es bei uns in Deutschland fast das ganze Jahr über frisch und regional zu kaufen gibt. Pimpenelle wird traditionell in der Fankfurter grüne Sauce verwendet. Es findet sich oft im eigenen Garten oder kann auch als Topfpflanze erworben werden. Pimpenelle überzeugt durch den sehr würzigen, dezent nussigen und gurkenähnlichen Geschmack.*

ZUTATEN
FÜR 2 PERSONEN

+ 2 Bundmöhren
+ 200 g Spitzkohl
+ 3 g Kurkumawurzel
+ ½ Limette
+ 1 halbe Handvoll Pimpinelle
+ 1 EL Tahini (Sesammus)
+ Salz
+ 300ml Wasser
+ schwarze und weiße Sesamsamen

SCHOKO-SHAKE
MIT AVOCADO

ZUBEREITUNG
🥄 15 MIN.

01. Die Kokosraspel und 300 ml Wasser in den Mixer geben und zunächst auf niedriger Stufe, dann auf hoher Stufe 1 Minute pürieren. Alles durch einen Nussmilchbeutel drücken.

02. Die Avocado halbieren und den Stein entfernen. Die Avocadohälften schälen. Mit Chlorellapulver, 1 EL Kokosblütenzucker und dem Kokosdrink im Mixer schaumig aufschlagen und auf Gläser verteilen.

03. Kakaomasse und -pulver, 4 EL Kokosblütenzucker, Maca- und Vanillepulver und die restlichen 125 ml Wasser in den Mixer geben und zuerst auf niedriger Stufe, dann auf höchster Stufe fein aufschlagen. Die Schokomasse über einen Löffel auf den Avocado-Shake laufen lassen und leicht durchziehen. Eventuell mit geriebener Kakaomasse bestreuen.

ZUTATEN
FÜR 2 PERSONEN

+ **75 g Kokosraspel**
+ **425 ml Wasser**
+ **½ Avocado**
+ **1 Prise Chlorellapulver**
+ **5 EL Kokosblütenzucker**
+ **50 g Kakaomasse (Cocoa Liquor; aus dem Internetversand)**
+ **1 EL rohes Kakaopulver**
+ **1 geh. TL Macapulver**
+ **½ TL Vanillepulver**

🔴 *Anstatt eines selbst gemachten Kokosdrinks können ie auch einfach 300 ml Kokos-Reismilch verwenden.*

03

SÄFTE, LIMOS
— & DRINKS —

MELONEN-COOLER
MIT KOKOS

ZUBEREITUNG
🥄 **10 MIN.**

01. Das Melonenfruchtfleisch in Stücke schneiden. Den Ingwer schälen und grob hacken. Die Minzeblätter waschen.

02. Die Melone mit Zitronensaft, Ingwer, Minze, Kokosöl, Agavendicksaft, 1 Prise Salz, nach Belieben 1 TL Orangenblütenwasser, und dem Mineralwasser in den Mixer geben. Alles auf höchster Stufe 1 Minute pürieren und nach Belieben kühl stellen.

🔄 *Statt der Honigmelone kann man auch Cantaloupe oder Wassermelone verwenden. Dann verfärbt sich der Cooler allerdings durch die jeweilige Melonenfarbe eventuell bräunlich. In diesem Fall aus optischen Gründen die Minze sehr fein hacken und erst nach dem Mixen in den Drink rühren. Am besten eiskalt servieren.*

ZUTATEN
FÜR 2 PERSONEN

+ **400 g süßes Honigmelonen-fruchtfleisch**
+ **2 haselnussgroße Stücke Ingwer**
+ **10 Minzeblätter**
+ **3 EL Zitronensaft**
+ **1½ TL natives Kokosöl**
+ **4 EL Agavendicksaft**
+ **Meersalz**
+ **600 ml kaltes stilles Mineral-wasser**

WASSERMELONEN-LIMO
MIT ESTRAGON

ZUBEREITUNG
🥄 15 MIN.

01. Die Wassermelone zunächst in Spalten, dann das Fruchtfleisch aus der Schale schneiden. Falls nötig, die Kerne entfernen. Das Fruchtfleisch in grobe Stücke schneiden und in den Mixer geben.

02. Den Estragon waschen und die Blätter von den Stielen zupfen. Die Limetten halbieren und auspressen. Den Limettensaft, den Estragon und die Eiswürfel zur Melone in den Mixer geben und zunächst auf niedriger Stufe, dann auf mittlerer Stufe grob aufschlagen. Die Limo auf Gläser verteilen und genießen.

💡 *Estragon gibt es in den Sommermonaten in Bioläden, Obst- und Gemüsegeschäften zu kaufen. Man kann das Kraut auch zu Hause ziehen. Wie so viele andere Kräuter, wird Estragon verwendet, um schwere Speisen verdaulicher zu machen, denn die Magensäfte werden durch ihn angeregt. Wie die Wassermelone hilft er, Wasseransammlungen im Körper auszuschwemmen.*

ZUTATEN
FÜR 2 PERSONEN

+ **600 g Wassermelone**
+ **1 Stiel Estragon**
+ **1 Limette**
+ **4 Eiswürfel**

GRÜNER GAZPACHO
MIT GEMÜSEWÜRFELN

ZUBEREITUNG 🔥 30 MIN. ⏱ 1 STD. KÜHLEN

**ZUTATEN
FÜR 4 PERSONEN**

01. Die Gurke schälen. Die Paprika längs vierteln, entkernen und waschen. Pak Choi, Selleriestangen samt Grün und Frühlingszwiebeln putzen und waschen. Das Selleriegrün trocken schütteln und grob hacken. Ein Drittel des Gemüses in sehr feine Würfel schneiden und beiseitelegen. Das restliche Gemüse grob schneiden. Den Apfel waschen, vierteln, entkernen und grob zerteilen. Das grob geschnittene Gemüse und die Apfelstücke in den Mixer geben.

02. Die Peperoni längs halbieren, entkernen und waschen. Den Knoblauch schälen. Die Petersilie waschen und trocken schütteln, die Blätter abzupfen und einige zum Garnieren beiseitelegen, den Rest grob hacken. Peperoni, Knoblauch, Petersilie und Selleriegrün mit dem Apfelsaft ebenfalls in den Mixer geben, alles zuerst auf niedriger, dann auf höchster Stufe sehr fein pürieren. 2 EL Öl und Semmelbrösel hinzufügen und untermixen. Mit Limettensaft, Salz und Pfeffer würzen. Die Suppe mindestens 1 Stunde kühl stellen.

03. Die gekühlte Gemüsesuppe auf tiefe Teller oder Tassen verteilen und mit den feinen Gemüsewürfeln bestreuen. Mit dem übrigen Öl beträufeln und mit der beiseitegelegten Petersilie garnieren.

- + 1 Salatgurke (ca. 400 g)
- + 1 große gelbe Paprikaschote
- + 150 g Baby-Pak-Choi
- + 4 Stangen Staudensellerie (mit Grün)
- + 2 dünne Frühlingszwiebeln
- + 1 großer grüner Apfel
- + 1 grüne Peperoni
- + 2 Knoblauchzehen
- + 1 Bund Petersilie
- + ¼ l Apfelsaft (am besten frisch aus dem Entsafter)
- + 4 EL Olivenöl
- + 1 EL Vollkornsemmelbrösel
- + 4 EL Limettensaft
- + Salz • Pfeffer aus der Mühle

TOMATENKALTSCHALE
MIT MELONE

ZUBEREITUNG 🍴 **30 MIN.** ⏱ **1 STD. KÜHLEN**

01. Tomaten kreuzweise einritzen, überbrühen und kalt abschrecken. Dann häuten, vierteln, entkernen, in Würfel schneiden. Kartoffel schälen, ebenfalls in Würfel schneiden. Tomaten und Kartoffel in einen Topf geben und mit Brühe bedecken. Mit Salz, Pfeffer und Öl mischen, aufkochen. Zugedeckt 20–25 Min. köcheln lassen.

02. Inzwischen die Melone entkernen und 12 kleine Kugeln ausstechen, zugedeckt beiseitestellen. Übriges Fruchtfleisch schälen, klein schneiden und pürieren.

03. Die Tomaten- und Kartoffelwürfel vom Herd nehmen und in der Brühe fein pürieren. Das Melonenpüree untermischen und die Suppe abkühlen lassen. Mit Limettensaft, Salz und Pfeffer abschmecken und mindestens 1 Std. kühl stellen.

04. Die Basilikumblätter waschen, trocken tupfen. Die Kaltschale in tiefen Tellern anrichten. Die Mozzarellakugeln abtropfen lassen, halbieren, mit den Melonenkugeln und Basilikum garniert servieren.

**ZUTATEN
FÜR 4 PERSONEN**

+ **200 g Tomaten**
+ **1 große mehligkochende Kartoffel (ca. 150 g)**
+ **½ l Gemüsebrühe (glutenfrei)**
+ **Salz • Pfeffer aus der Mühle**
+ **1 EL Olivenöl**
+ **½ Cantaloupemelone (ca. 500 g)**
+ **1–2 EL Limettensaft**
+ **8–12 Basilikumblätter zum Garnieren**
+ **12 kleine Mozzarellakugeln (ca. 100 g)**

RINGELBLUMEN-ORANGEN-GRANITÉ
MIT CHIASAMEN

ZUBEREITUNG
🍶 **30 MIN.**

01. Die Chiasamen in 200 ml Wasser geben und mindestens 15 Minuten quellen lassen. Zwischendurch immer wieder umrühren, damit sich keine Klumpen bilden.

02. Inzwischen die Orangen halbieren und auspressen. Die Ringelblumen waschen. Mit Gojibeeren, Orangensaft, Stevia und Eiswürfeln in den Mixer geben und zunächst auf niedriger Stufe, dann auf hoher Stufe zu einem cremigen Granité pürieren, dabei mit dem Stößel arbeiten.

03. Das Limo-Granité auf kleine Gläser verteilen, jeweils einige Chiasamen darübergeben und leicht unterrühren.

💡 *Dieses Granité erhält seine leichte Süße durch Stevia, eine südamerikanische Staudenpflanze. Stevia hat einen intensiven, Lakritz ähnelnden Eigengeschmack, der in kleinen Mengen — wie in Drinks — kaum zu erkennen ist.*

ZUTATEN
FÜR 2 PERSONEN

+ **1 EL Chiasamen**
+ **200 ml Wasser**
+ **1 Orange**
+ **3 Ringelblumen**
+ **12 g Gojibeeren**
+ **½ TL flüssiges Stevia**
+ **8–10 Eiswürfel**

APRIKOSEN-COOLER
MIT LIMETTE

ZUBEREITUNG
🍴 15 MIN.

01. Für den Cooler die Aprikosen waschen, halbieren und entsteinen. Die Aprikosenhälften mit Agavendicksaft, Limettensaft, Kresse, Mineralwasser, 1 guten Prise Kardamom und 1 Prise Salz in den Mixer geben. Alles auf höchster Stufe 1 Minute glatt pürieren. Nach Belieben kühl stellen.

02. Den Cooler zum Servieren auf Gläser verteilen und jeweils mit 1 Kapuzinerkresseblüte und 1 Limettenscheibe dekorieren.

💡 *Die Süße des Coolers hängt vor allem von der Sorte und dem Reifegrad der Aprikosen ab — wer es dennoch süßer mag, erhöht die Menge an Agavendicksaft.*

ZUTATEN
FÜR 2 PERSONEN

FÜR DEN COOLER:

+ **5 mittelgroße süße Aprikosen (ca. 240 g; ersatzweise Weinbergpfirsiche)**
+ **65 g Agavendicksaft**
+ **2 EL Limettensaft**
+ **1½ EL gehackte Gartenkresse (ersatzweise Kapuzinerkresse, auch die Blüten)**
+ **1 l kaltes stilles Mineralwasser**
+ **Kardamompulver**
+ **Meersalz**

FÜR DIE DEKO:

+ **2—3 Kapuzinerkresseblüten**
+ **2—3 hauchdünne Bio-Limettenscheiben**

BRENNNESSEL-LIMO
MIT ZITRONENVERBENE

ZUBEREITUNG
🥃 15 MIN.

01. Die Brennnesselspitzen waschen. Die Zitronenverbene waschen und die Blätter von den Stielen zupfen. Die Zitrone halbieren und auspressen. Die Bio-Zitronenhälfte heiß waschen und die Kerne entfernen.

02. Brennnessel, Zitronenverbene, Zitronensaft, Zitronenhälfte, Apfelsüße und die Hälfte des Wassers in den Mixer geben. Zunächst auf niedriger Stufe, dann auf höchster Stufe 45 Sekunden pürieren, sodass die Schale der Zitrone und die Brennnessel sehr fein gemixt werden.

03. Das restliche Wasser dazugeben und nochmals kurz aufmixen. Den Drink nach Belieben auf Eis servieren.

💡 *Die Brennnessel ist ein echtes Wunderkraut. Nicht nur ihre frischen Triebe sind wertvoll, auch die Samen, die im Herbst geerntet werden, geben Kraft und helfen bei Erschöpfungszuständen. Ähnlich wie die Chiasamen, nur, dass die Nesselpflanze einfacher und günstiger zu halten ist.*

ZUTATEN
FÜR 2 PERSONEN

+ **3 Stiele junge Brennnesselspitzen**
+ **1 Stiel Zitronenverbene (oder Minze)**
+ **1 Zitrone**
+ **½ Bio-Zitrone**
+ **3 EL durchsichtige Apfelsüße**
+ **300 ml kaltes Wasser**

ERDBEER-LIMO
MIT MINZE

ZUBEREITUNG
🥄 10 MIN.

01. Die Erdbeeren waschen und putzen. Die Minzeblätter waschen. Erdbeeren, Minze, Acaipulver, Agavendicksaft und Eiswürfel in den Mixer geben und zunächst auf niedriger Stufe, dann auf höchster Stufe fein pürieren.

02. Auf Gläser oder Flaschen verteilen, vorsichtig mit dem Mineralwasser aufgießen und mit Strohhalm genießen.

❤️   *Die Pfefferminze ist durch ihre stark belebende und kühlende Wirkung das ideale Sommerkraut — und sie wächst fast überall. Man findet sie nicht nur im Bioladen, sondern auch draußen auf den Wiesen. Wenn man ihre Blätter einmal kennt, findet man sie ganz leicht.*

ZUTATEN
FÜR 2 PERSONEN

+ **200 g Erdbeeren**
+ **1 halbe Handvoll Minzeblätter**
+ **1 EL Acaipulver**
+ **3 EL Agavendicksaft**
+ **4 Eiswürfel**
+ **250 ml Mineralwasser mit Kohlensäure**

SCHOKO-DRINK
MIT KIRSCHEN

ZUBEREITUNG
🌡 **15 MIN.**

01. Den Mandeldrink mit ½ EL Kakao-Nibs und dem Ahorn-sirup in den Mixer geben und zunächst auf niedriger Stufe, dann auf hoher Stufe 30 Sekunden pürieren.

02. Die Kirschen waschen und entsteinen. Die Kirschen, das Wasser, die Eiswürfel und die restlichen Kakao-Nibs in den Mixer geben und auf hoher Stufe nur kurz aufmixen, bis das Eis klein ist. Auf Gläser verteilen und nach Belieben mit Kornblumenblüten dekoriert servieren.

ZUTATEN
FÜR 2 PERSONEN

+ **150 ml Mandeldrink**
+ **1 EL Kakao-Nibs**
+ **2 EL Ahornsirup**
+ **150 g frische Süßkirschen (oder TK-Süßkirschen)**
+ **75 ml Wasser**
+ **2 Eiswürfel**

LAVENDEL-„MILCH"
MIT KAMILLE

ZUBEREITUNG
⏲ 10 MIN.

01. Den Cashewdrink mit den Kamillenblüten und dem Ahornsirup in den Mixer geben und zunächst auf niedriger Stufe, dann auf höchster Stufe 4 Minuten mixen, bis die „Milch" heiß ist.

02. Die frischen Lavendelblüten mit dem Kopf nach unten in die „Milch" stellen (oder die getrockneten Blüten in ein Haarsieb füllen) und etwa 6 Minuten darin ziehen lassen.

03. Den Lavendel herausnehmen und am besten warm vor dem Schlafengehen genießen.

❤ *Natürlich kann man anstatt Cashewdrink auch Mandelmilch oder Kuhmilch hernehmen. Die Lavendel-„Milch" wirkt mit ihrem Duft und ihren Inhaltsstoffen beruhigend und heilsam.*

ZUTATEN
FÜR 2 PERSONEN

+ **450 ml Cashewdrink**
+ **3 Kamillenblüten**
+ **2 EL Ahornsirup**
+ **10 Stiele frische Lavendelblüten oder 1 EL getrocknete Lavendelblüten (aus der Apotheke oder dem Teeladen)**

UNSER
LIEBLING

APFEL-LIMO
MIT ZITRONE

ZUBEREITUNG
🥄 15 MIN.

01. Den Apfel waschen, vierteln und das Kerngehäuse entfernen. Das Basilikum waschen und die Blätter von den Stielen zupfen. Die Zitronen heiß waschen und halbieren, 1½ Zitronen auspressen, die übrige Zitronenhälfte beiseitelegen.

02. Den Apfel, das Basilikum, den Zitronensaft und die übrige Zitronenhälfte in den Mixer geben. Die Apfelsüße und die Hälfte des Wassers dazugeben und alles zunächst auf niedriger Stufe, dann auf höchster Stufe 30 Sekunden kräftig zerkleinern, sodass auch die Zitronenschale fein gemixt wird. Dann das restliche Wasser dazugießen und nochmals aufschlagen. Die Limo auf Gläser verteilen und nach Belieben mit Basilikumblättern dekorieren.

💡 *Unter der Apfelschale stecken viele Vitamine, deswegen sollte man so oft wie möglich die Schale mitessen. Dabei unbedingt auf Äpfel in Bioqualität zurückgreifen, denn leider gehören konventionelle Äpfel zu den am meisten gespritzten Obstsorten.*

ZUTATEN
FÜR 2 PERSONEN

+ **1 kleiner Apfel (bevorzugt Golden Delicious)**
+ **2 Stiele Basilikum**
+ **1 Bio-Zitrone**
+ **3 EL durchsichtige Apfelsüße**
+ **400 ml Wasser**

BLUTORANGEN-TEE
MIT PFLAUME

ZUBEREITUNG
🕯 10 MIN.

01. Die Pflaumen waschen, halbieren und entsteinen. Die Blutorangen so großzügig schälen, dass auch die weiße Haut mit entfernt wird. Dann die Orangen halbieren und die Kerne entfernen.

02. Pflaumen, Orangen, Zimt, Physalis und Ahornsirup in den Mixer geben und zunächst auf niedriger Stufe, dann auf mittlerer Stufe 20 Sekunden grob zerkleinern. Das gemixte Fruchtfleisch auf Teegläser oder -tassen verteilen und mit kochendem Wasser aufgießen.

ZUTATEN
FÜR 2 PERSONEN

+ **2 kleine Pflaumen**
+ **1 Blutorange**
+ **1 TL Zimtpulver**
+ **1 EL getrocknete Physalis**
+ **4 EL Ahornsirup**
+ **300 ml kochendes Wasser**

REZEPTREGISTER

IMPRESSUM

© ZS VERLAG GmbH
Kaiserstraße 14 b
D–80801 München

ISBN 978-3-89883-922-8
1. Auflage 2019

Projektleitung: Isabella Thiel
Lektorat: ZS-Team
Grafik Design & Artdirection: Seidldesign
Grafik & Satz: Irene Schulz, Catharina Burmester
Herstellung: Frank Jansen
Producing: Jan Russok
Druck & Bindung: optimal media GmbH, Röbel

Kurze Wege schonen die Umwelt
Dieses Buch wurde in Deutschland gedruckt

Die ZS Verlag GmbH ist ein Unternehmen der Edel AG, Hamburg.
www.zsverlag.de | www.facebook.com/zsverlag

BILDNACHWEIS

Umschlag: Eising Studio|Food Photo & Video, vorne; A. Schütz (li.), O. Brachat (M.,re.): hinten
Innenteil: K. Arras: 48/49; O. Brachat: 4, 15, 21, 25, 26/27, 33, 37, 45, 47, 53, 57, 59, 61, 67, 71, 75, 77, 79, 81, 83, 85;
M. Neubauer: 68/69; M. Schürle, M. Grossmann: 17, 41, 43, 51, 55, 65, 73; A. Schütz: 9, 11, 13, 19, 23, 29, 31, 35

HINWEISE ZU DEN REZEPTEN

Zubereitungszeit: Alle Rezepte haben eine kurze Zubereitungszeit. Bitte beachten Sie jedoch bei der Planung auch
die angegebenen Back- und Kühlzeiten, die evtl. noch hinzukommen.
Backofentemperatur: Wenn nicht anders angegeben, beziehen sich die Temperaturangaben auf die Einstellung Ober-/
Unterhitze. Berücksichtigen Sie außerdem die Eigenschaften Ihres Backofens, denn jeder Backofen bäckt anders.

Easy Auswahl ...

ISBN 978-3-89883-920-4

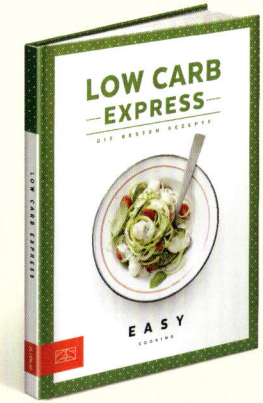

ISBN 978-3-89883-921-1

ISBN 978-3-89883-922-8

ISBN 978-3-89883-923-5

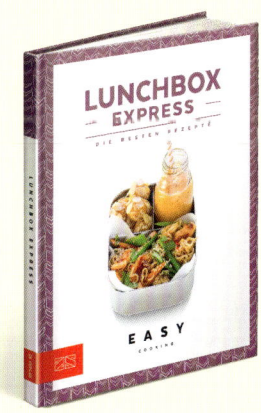

ISBN 978-3-89883-924-2

ISBN 978-3-89883-925-9

Gleich weiterkochen!

Jetzt überall,
wo es gute Bücher gibt.

LÖFFELMENGEN (PRO GESTR. LÖFFEL)

Lebensmittel	EL	TL	Lebensmittel	EL	TL
Flüssigkeit	12 ml	5 ml	Mehl (Type 405)	7 g	3 g
Backpulver	9 g	3 g	Paprikapulver	6 g	2 g
Butter	10 g	4 g	Puderzucker	4 g	3 g
Crème fraîche	10 g	5 g	Reis	10 g	5 g
Gelatine, gemahlen	8 g	3 g	Salatmayonnaise	10 g	5 g
Grieß	8 g	3 g	Salz	13 g	5 g
Haferflocken	7 g	2 g	Saure Sahne (10 % F.)	10 g	6 g
Haselnusskerne, gemahlen	5 g	2 g	Sahne (30 % F.)	10 g	5 g
Honig	15 g	6 g	Schwarzer Tee	4 g	2 g
Joghurt (3,5 % F.)	10 g	6 g	Semmelbrösel	6 g	3 g
Käse, gerieben	5 g	3 g	Senf	10 g	3 g
Kaffee, gemahlen	4 g	2 g	Speiseöl	10 g	4 g
Kaffee, löslich	3 g	1 g	Speisestärke	7 g	3 g
Kakaopulver	5 g	2 g	Tomatenketchup	12 g	5 g
Kondensmilch	14 g	6 g	Tomatenmark	12 g	5 g
Mandeln, gemahlen	5 g	3 g	Zimtpulver	4 g	2 g
Margarine	10 g	4 g	Zucker	10 g	5 g